ANECDOTES
CURIEUSES ET INÉDITES
SUR LA VIE
DE
L'IMPÉRATRICE JOSÉPHINE,

AU SUJET
DE LA MORT DE BEAUHARNAIS,
SON PREMIER MARI,
ET SUR L'EXPÉDITION QUE PRÉPAROIT
BUONAPARTE EN ÉGYPTE;
SUIVIES D'UNE
LETTRE
QUE
NAPOLÉON

Lui a écrite quelques jours avant son Départ de Fontainebleau.

S'IL est une douce consolation pour l'humanité, c'est sur-tout de voir une personne sensible & bienfaisante à côté d'un tyran, dont la main sait adroitement arrêter la foudre, & quelquefois même arracher les faveurs. Telle fut l'aimante & généreuse princesse, que le ciel vient de nous enlever, comme pour nous faire entendre que nous n'avions befoin maintenant d'un modèle de bienfaifance fur le trône.

Le furnom de *mère des pauvres*, que Joséphine mérite ; les pleurs répandus fur fa tombe ; les doux et nobles fouvenirs attachés à fa mémoire, prouvent affez combien fa belle âme, longtems éprouvée par le malheur, avait fu répandre de charmes & de bienfaits, furtout à qui l'avait environnée pendant fa profpérité... C'eft-là, que fon caractère fe montra tout entier !...

Mais elle n'avait point attendu cette époque glorieufe de fa vie, pour donner des exemples fréquens de fa générofité et de fa philantropie !...

L'hiftoire aura foin, fans doute, d'en expofer un jour le tableau.... Qu'il nous foit permis d'avance d'enrichir le dépôt de fes recherches des deux anecdotes fuivantes, dont plufieurs perfonnes exiftantes pourraient garantir l'authenticité.

« En 1794. M. le comte de Beauharnais & Joféphine, fon époufe, étaient détenus à la prifon des Carmes ; la plupart des prifonniers s'étaient cotifés pour acheter le *Journal du Soir*. C'eft-là qu'il avaient la douleur de trouver, parmi les victimes de l'infame tribunal révolutionnaire, des noms qui leur étaient chers, & particulièrement, ceux de leurs compagnons d'infortunes, assis la veille à leur table, & le lendemain morts quelques heures avant la lecture de ce journal.

» Le jour où périt le malheureux Beauharnais, on en sut la nouvelle dans la soirée même, et comme, ordinairement, c'étoit son épouse qui lisoit le journal, on ne voulut point, sous diverses prétextes, le lui communiquer. Nouveau motif de curiosité..... Elle parvient cependant à se le procurer.

» A peine eut-elle vu, dans la liste fatale, le nom de son mari, qu'il lui prit tout-à-coup un vomissement de sang si considérable, qu'elle en inonda la chambre, et resta presqu'inanimée.

» Dans cette maison se trouvoit alors un nommé *Wistrick*, cordonnier allemand, membre de la commune de Paris, et administrateur des prisons. Plusieurs détenus vont lui faire part de la situation de madame de Beauharnais, et lui témoigner combien il est urgent d'appeler un médecin :

« Quel si grand intérêt a-t-on besoin de

» prendre à cette femme, répond froidement
» le cordonnier farouche? C'étoit hier le tour
» de son mari, ce sera demain le sien. »

» Quelques jours après, arriva la chûte de Robespierre et le supplice de cet administrateur barbare. On s'empressa de raconter à Josephine le trait d'inhumanité qu'il avoit commis à son égard.

« Le malheureux, dit-elle!..... j'aurois donné
» tout au monde pour le sauver. »

» Après le traité de Campo-Formio, le général en chef de l'armée d'Italie, Buonaparte, qui, déjà méditait son élévation future, et partageoit le globe terrestre à sa manière, résolu d'envoyer en Grèce, et particulièrement dans la Morée, deux émissaires, chargés de sonder l'esprit des habitans du pays, ou plutôt de les disposer en sa faveur. C'étoient deux Corses, dont l'adresse et la fidélité lui étoient parfaitement connues.

» Buonaparte leur alloua pour cette expédition une avance de deux cents louis, pris sur sa cassette particulière, en attendant que le Directoire eût assigné des fonds pour cet objet. A cet effet, il leur remit un bon, dans lequel il invitoit son épouse à leur compter cette somme.

» Madame Buonaparte reçut ce bon, donna la somme, et, sans discontinuer de puiser dans la cassette, ajouta à ces deux cents louis, deux cents autres.

« Que faites-vous, Madame, lui dit un des
» émissaires ? le bon n'est que de deux cents
» louis.... — Laissez-moi faire, reprit la bonne
» Joséphine : le bon est pour vous, le reste
» pour les malheureux que vous pourriez trou-
» ver en route. »

Avec ces dispositions naturelles, quel bien ne fit-elle point sur le trône ! & quel bien n'eût-elle pas fait encore dans sa retraite, si une mort prématurée ne l'eût pas trop tôt enlevée aux malheureux !....

« J'ai essuyé bien des larmes, disait-elle, quel-
» ques minutes avant sa mort, & je ne me sou-
» viens pas d'en avoir fait répandre aucunes. »

Aussi, son dernier soupir fut-il le doux salaire d'une âme satisfaite, qui se retire en paix d'ici bas, & va, avec la sécurité d'une conscience pure, présenter à l'éternel & souverain juge de nos actions, le vaste et consolant tableau de ses bonnes œuvres.

Les obsèques de l'Impératrice Joséphine ont été

aussi extraordinaires que son élévation, parmi les hauts personnages qui composoient son cortège, on distinguoit l'Empereur de Russie, le Roi de Prusse & le baron Sacken.

La cérémonie funèbre a été célébrée par monseigneur de Baral, archevêque de Tours, et le corps a été déposé dans un caveau qu'on avoit pratiqué sous la nef de l'Eglise de Ruelle.

Plus de huit mille habitans des environs s'étoient rassemblés pour rendre un dernier hommage à la mémoire d'une princesse justement surnommée *la Mère des Pauvres* : titre glorieux qu'elle partageoit avec un fils et une fille, dignes héritiers de ses vertus domestiques, & dont les sentimens connus pourroient un peu appaiser nos larmes, si l'on pouvoit se consoler d'une perte irréparable.

Voici l'extrait d'une lettre que Buonaparte lui écrivit de Fontainebleau, & qui, heureusement pour son âme sensible & compâtissante, a été interceptée, par un cosaque, dans la route de cette ville à Malmaison.

MA TRÈS-CHÈRE ET HONNORÉE JOSÉPHINE,

Tout est fini pour moi : le nuage du prestige

« est entièrement dissipé ; il ne me reste que la
« honte d'avoir tenté une chose illégitime !......
« La victoire, qui, depuis deux ans, m'a fait
« tant d'infidélités, en se prononçant hautement
« en faveur de mes ennemis, m'a prouvé que
« c'était bien la coquette du monde la plus ca-
« pricieuse & la plus perfide.... ô ! si j'avais
« écouté vos conseils !.....au lieu d'être méprisé
« de l'univers, j'en serois maintenant le plus
« grand homme..... ô ! oui, Joséphine, je vous
« dois ce témoignage de votre franchise, vous
« avez tout fait pour me conduire vers le vrai
« but....... Mais, telle étoit ma destinée, qu'il
« falloit que je n'écoutasse que les vils flatteurs
« qui m'entouraient, et qui m'ont plongé dans
« l'affreux précipice où je suis !......... Ils m'y
« abandonnent, les lâches !.... Et vous, ma chère
« Joséphine ! dont j'ai trop méconnu la ten-
« dresse.... que faites-vous ?..... Vous versez des
« larmes sur mes malheurs, j'en suis sûr... Vous
« éloignez de vous tout sentiment d'amour-
« propre, pour ne suivre que ceux de l'amour
« même..... Vous oubliez l'ingrat qui méprise
« vos conseils, pour ne voir que le malheureux
« qui en est la victime !..... Que ne puis-je, hé-
« las ! reculer le temps, et me voir encore à ce
« jour fatal, toujours présent à ma mémoire, où

« vous tombâtes à mes genoux, pour me de-
« mander la vie d'un prince (1).... Mais c'en est
« trop.... Mon cerveau se trouble... mes organes
« s'affoiblissent.... Ma main tremble.... Mes lar-
« mes inondent le papier.....

« Adieu, ma bonne et trop malheureuse Jo-
« féphine.... Je m'éloigne, mais mon cœur refte
« avec vous, et la feule faveur que je demande
« au Dieu de clémence, c'eft de me réunir à
« vous dans l'empire des Morts..... »

---

(1) *Le duc d'Enghein.* = Joséphine et sa fille, ainsi que la mère de Buonaparte tombèrent à ses genoux, pour lui demander la grâce de ce prince, ce qui ne leur fut point accordé. Ce fut en ce moment où Lucien brisa sa montre, en lui prophétisant qu'il en seroit de même de sa puissance échafaudée.

De l'Imprimerie de J.-M. EBERHART, Rue du Foin Saint-Jacques, n.° 12.

www.ingramcontent.com/pod-product-compliance
Lightning Source LLC
Chambersburg PA
CBHW071420060426
42450CB00009BA/1959